NOTIONS SOMMAIRES

SUR

LES SEPTUAGÉNAIRES,

ET

RÉCLAMATION AU ROI

ET AU CORPS LÉGISLATIF.

NOTIONS SOMMAIRES
SUR
LES SEPTUAGÉNAIRES,
ET
RÉCLAMATION AU ROI
ET AU CORPS LÉGISLATIF.

PAR M. MARIE-LOUIS-JOSEPH DE BOILEAU,

SEPTUAGÉNAIRE.

Prix 30 Sols broché.

A PARIS,

CHEZ PATRIS, Imprimeur-Libraire, rue de la Colombe, N°. 4, près le quai de la Cité.

1816.

Se trouve

Chez Guillaume, libraire, rue Hautefeuille, n°. 14;
Corbet, libraire, quai des Augustins, près le Pont-Neuf;
Et chez Delaunay et Pelicier, libraires, au Palais-Royal.

INTRODUCTION.

Lors de la révolution de 1789, les énergumènes d'alors prétendaient qu'elle avait pour objet principal de *protéger la liberté individuelle*, de l'environner d'un tel respect, qu'elle ne souffrirait aucune atteinte, et par évènement la liberté ne fut jamais autant et aussi cruellement outragée que sous l'empire de la révolution. Français! reconnaissez combien vous vous êtes égarés, ou plûtôt combien vos meneurs vous ont égarés.

Entre tous les outrages faits à la liberté individuelle, le plus étonnant, le plus cruel, le plus révoltant, le plus contraire à la générosité, à l'humanité qui ont toujours caractérisé la nation française, est sans contredit l'atteinte portée au privilége dont de temps immémorial jouissaient les septugénaires d'*être exempts de la contrainte par corps en matière civile*.

Chose inconcevable, notre nouvelle loi criminelle reconnaît, consacre le *respect dû à l'âge*, accorde des adoucissements aux personnes âgées. Elle veut, articles 70, 71 et 72: « Que la peine prononcée soit convertie *en une simple prison aussitôt que l'individu a atteint soixante-dix ans* ».

Au contraire la loi commerciale, *non point à la vérité telle qu'elle existe, telle qu'elle est écrite,* mais telle qu'elle est interprétée, repousse, rejette tout respect pour l'âge, *immole la vieillesse* à la faveur prétenduement due au commerce, veut que pour dette commerciale tout individu, *fût-il âgé de cent ans*, soit condamné par corps et réellement emprisonné de la même manière, en la même forme, et pour aussi long-temps qu'*un jeune homme de vingt ans.*

Voilà la doctrine commerciale de nos jours! Comment une doctrine aussi barbare a-t-elle pu prendre chez le peuple le plus civilisé, le plus humain, le plus généreux, dont les annales de l'univers ayent jamais fait mention!

Français! je m'empresse de vous rendre justice; ce n'est point d'un assentiment général qu'une pareille doctrine s'est accréditée; tous les bons Français en ont gémi; *les cours d'appel de Bruxelles et de Caen*, organes sur ce point de l'opinion publique, sont à cet égard une preuve à jamais mémorable: honneur immortel leur soit rendu du courage avec lequel elles ont repoussé un système aussi liberticide!

Possession première des Septuagénaires.

L'exemption des septuagénaires est aussi ancienne que la monarchie française ; elle date de son établissement.

Français ! reportez-vous à cette époque, ouvrez votre histoire, que verrez-vous ?

« Des guerriers féroces et brutaux, purs » enfants de la nature, ne respirant que le sang » et le carnage, ne connaissant autre droit *que* » *celui des armes*, prodiguant leur sang, ris- » quant leur vie *pour une dette de cinq sols*.

» Quand ces barbares eurent été convertis à » la foi, les prêtres chrétiens essayèrent, mais » envain, d'amortir cette effervescence meur- » trière ; tout ce qu'ils purent obtenir ce fut » de l'assujétir à des formes, de rendre le combat » une cérémonie religieuse, militaire et judi- » ciaire.

» Chose unique dans les fastes du monde, de » l'aveu de la loi, au sein de leur patrie, à la » vue de tous leurs concitoyens, des frères » d'armes s'égorgeaient avec appareil au son des » fanfares, de l'autorisation de la justice, sous » les auspices d'un Dieu de paix, cherchant » mutuellement à se donner la mort, et souvent » pour un sujet très-léger.

» Tel fut le droit national au moins quant » aux nobles et aux guerriers depuis Mérovée » jusque vers le milieu du règne de Louis IX ».

Eh bien, à travers ce système de sang et de

carnage, le cri de la nature, le vœu de l'humanité se firent néanmoins entendre; ces hommes grossiers et brutaux qui ne connaissaient que le glaive, qui, pour ainsi dire, chaque jour répandaient leur sang ou celui de leurs frères d'armes, reconnurent néanmoins, même lorsqu'ils étaient encore payens, le *respect dû à l'âge;* le guerrier, âgé de soixante-dix ans, était rangé sur la même ligne que les femmes, les filles et les mineurs; il ne pouvait combattre lui-même, *mais seulement par un champion.*

Argire, dans la tragédie de Tancrède, est une image fidèle de la pratique de ces anciens temps : « Il est censé avoir *soixante-dix ans*, » et en conséquence quoique guerrier, et dans » son temps guerrier renommé, il ne peut com» battre pour la fille qu'il aime, qu'il croit » innocente. Il est obligé de confier la défense » la plus chère à un chevalier inconnu ».

Sous le règne du *glaive* le respect dû à l'âge fut donc reconnu, confirmé; comment ne l'aurait-il pas été sous le règne de la loi?

Lois intervenues.

Ce fut sous le petit-fils de Louis IX, sous Philippe de Valois que la contrainte par corps naquit parmi nous : ce prince l'institua pour ressusciter les foires de Champagne et de Brie, il voulut que tous contrats passés *sous le sceau des foires,* emportât de plein droit la contrainte par corps.

La disposition était générale, elle ne faisait aucune exception, n'exemptait point les *Septuagénaires,* et *néanmoins de fait ils demeurèrent exempts.* L'opinion publique tint lieu de loi, elle jugea, elle reconnut « Que celui qui de » temps immémorial par respect pour son âge, » ne pouvait être atteint par le fer, ne *pouvait* » *pas plus être atteint par la prison ;* que les » incommodités d'un tel séjour pourraient con- » trarier le bienfait de la nature ; qu'elles se- » raient un *homicide* dont il fallait s'abstenir ».

En 1419 Charles VIII transmit aux foires de Lyon le privilége concédé d'abord aux foires de Champagne; les Septuagénaires furent sous cette seconde loi aussi favorisés que sous la première, ils demeurèrent *exempts.*

En 1560 l'ordonnance d'Orléans, article 143, présenta cette disposition : « Entre marchands » et *non autres,* toutes promesses et cédules » reconnues, ou duement vérifiées emporteront » garnison et contrainte par corps, *ainsi que* » *l'on a coutume d'en user en la conservation* » *de Lyon* ».

Cette disposition était purement commerciale,

elle ne concernait que les commerçants ; on ne voit pas néanmoins que les commerçants d'alors ayent essayé d'y assujétir les Septuagénaires leurs confrères, du moins les annales de notre jurisprudence n'en font aucune mention.

En 1563 le commerce obtint ce qu'il avait tant sollicité, *une jurisdiction personnelle et particulière.*

L'article premier porte : « Connaîtront lesdits » juges de *tous procès entre marchands et pour* » *fait de marchandises seulement* ».

L'article 10 : « Les condamnés seront contraints » par corps à payer les sommes liquidées par » ledit jugement *qui n'excéderont cinq cents* » *livres tournois*, sans qu'ils puissent obtenir » lettre de répit ».

Cette disposition était aussi purement commerciale ; elle ne concernait que les commerçants, et néanmoins dans le fait on ne voit pas qu'elle ait atteint aucun Septuagénaire.

Ordonnance de 1629.

En 1629 Michel de Marillac, alors garde-des-sceaux, fit paraître son chef-d'œuvre, l'ordonnance qu'il avait rédigée lui-même presque toute entière, par laquelle il se proposait de donner à la France un *Code civil*, et il convertissait *en loi* tout ce qui, jusqu'alors, n'était que *jurisprudence*.

Il s'était, à cet effet, exactement informé de la jurisprudence des cours, même de celle des tribunaux, il n'avait point oublié dans son travail les Septuagénaires, et, article 456, il s'explique en ces termes : « Les Septuagénaires, » les femmes, les filles, les mineurs sont, *en* » *matière civile*, exempts de la contrainte par » corps ».

Cette disposition est pour les Septuagénaires non-seulement un titre légal d'exemption, mais en même temps le certificat le plus solennel, le plus authentique, de la possession immémoriale dans laquelle ils étaient d'être exempts de la contrainte par corps *en matière civile*, expression qui comprenait alors sans aucune difficulté *toute matière non criminelle*.

Ordonnance de 1667.

Sous Louis XIV fut promulguée, en avril 1667, l'ordonnance, ouvrage des plus célèbres magistrats d'alors, et qui passa long-temps pour un chef-d'œuvre ; ce n'est que de nos jours qu'elle a été dénigrée.

Titre XXXIV, articles 8 et 10, elle présente ces deux dispositions.

« Ne pourront, les femmes et les filles, *s'o-*
» *bliger,* ni être contraintes par corps, *si elles*
» *ne sont marchandes publiques, et pour stel-*
» *lionat procédant de leur fait.*

» Les Septuagénaires ne pourront être empri-
» sonnés pour dettes purement civiles, *si ce*
» *n'est pour stellionat, recélé et dépens en*
» *matière criminelle* ».

Les Septuagénaires sont cette fois disjoints des femmes et des filles ; ils ont leur disposition propre, particulière et personnelle. L'exemption que leur octroyait l'ordonnance de 1627 est confirmée, *mais avec amendement et restriction.*

Les cas exceptés donnent pour tous les autres cas une nouvelle force à la disposition principale, d'après la règle connue *exceptio firmat regulam.*

Sous le ministère de Colbert, le commerce français avait prodigieusement prospéré, il demande, il obtient une loi propre et particulière, c'est l'ordonnance publiée en mars 1673 ; elle dispose, titre VII, article premier :

« *Ceux qui auront signé des lettres ou billets*
» *de change,* pourront être contraints par corps,
» *ensemble ceux qui y auront mis leur aval ;*
» et entre négociants et marchands *ceux qui*
» *auront signé des billets valeur reçue comp-*
» *tant ou en marchandises* ».

Quatre remarques à faire sur ce texte :

1°. Le systême, le régime de la contrainte par corps sont changés ; elle était jusqu'alors prononcée de plein droit par la loi, la prononciation en est ici *remise aux juges*, avec faculté d'en user selon leur sagesse.

2°. La contrainte par corps n'avait jusqu'alors atteint que *les hommes de commerce ;* elle est cette fois appelée *à frapper tout individu* aussitôt qu'il s'agit de *lettres-de-change*.

3°. *Les hommes de commerce* sont distingués des hommes civils ; ils sont frappés de la contrainte par corps, *même pour simple billet*, aussitôt qu'ils portent *valeur reçue comptant ou en marchandise*.

4°. Les trois dispositions étaient générales, ne faisaient *aucune exception*, et les dispositions postérieures n'en faisaient aussi aucune ; il n'était, surtout à l'égard des Septuagénaires, *fait aucune mention d'eux dans toute l'ordonnance de* 1673.

Quel vaste champ pour les énergumènes d'alors ? Comment ne se sont-ils point présentés ? comment n'ont-ils pas soutenu que l'exemption octroyée aux Septuagénaires était annullée par l'ordonnance de 1673 faute d'être réitérée, confirmée, par la nouvelle ordonnance. Mais dans le fait, aucun procureur, aucun agréé, aucun huissier, ne fut assez déhonté pour oser émettre un tel système.

Les bons principes étaient alors dans leur force et en plein crédit. Tous ceux qui se mêlaient des affaires judiciaires étaient imbus du principe que « La loi spéciale ne déroge et ne peut dé-» roger à la loi générale *que pour les cas qu'elle* » *exprime précisément;* que son silence main-» tient *ce qui est exprimé par la loi générale* » *et lui laisse toute sa force* ».

Aussi les Septuagénaires ne furent nullement troublés, ils jouirent paisiblement de leur exemption tout le restant du règne de Louis XIV, tout le règne de Louis XV, tout le règne de Louis XVI, et même les premiers temps de la révolution.

Loi du mois d'Août 1790.

C'est par cette loi que l'assemblée constituante organisa le nouvel ordre judiciaire. Elle jugea convenable de s'expliquer aussi sur la contrainte par corps. Elle s'en explique Titre XII, art. 5, en ces termes : « La contrainte par corps *con-» tinuera d'avoir lieu pour l'exécution de tous* » *jugements commerciaux* ».

Trois remarques sur ce texte.

1°. Ce texte prête à la contrainte par corps une extension qu'elle n'avait jamais eue ; elle n'avait, d'après l'édit de 1563, lieu de plein droit que pour les jugements *n'excédant pas cinq cents livres.*

2°. Ce texte rappèle naturellement les réglements antérieurs à l'ordonnance de 1667, rend de nouveau la contrainte par corps la *pure œuvre de la loi*, et non plus la délibération des juges.

3°. Ce texte pose une loi générale, ne faisant aucune exception.

Les Septuagénaires n'en sont néanmoins pas atteints, il est de fait qu'ils continuèrent d'être exempts.

Loi du 15 *Germinal an VI.*

Français! voilà la loi véritable, la loi fondamentale, la loi constitutionnelle de la contrainte par corps actuelle.

Titre III, article 19, elle porte : « Tous » réglements, lois et ordonnances précédem- » ment rendus sur l'exercice de la contrainte » par corps en *matière civile et de commerce,* » *sont abolis* ».

Elle est donc la loi vivante, *elle seule* règle, elle seule doit régler les condamnations par corps.

Elle se compose de trois Titres, les deux premiers sont ici seulement à considérer.

Titre Ier. L'art. premier porte : « La contrainte

» par corps ne peut être *prononcée qu'en vertu* » *d'une loi formelle* ».

Français ! pénétrez-vous de cette disposition, saisissez toute sa bienfaisance et son véritable vœu. Elle écarte, elle anéantit l'article 5 du titre XII de la loi d'août 1790 ; elle ressuscite le régime établi par l'ordonnance de 1673 ; la contrainte par corps n'a *plus lieu* de plein droit ; elle doit être délibérée par les juges, *elle doit être leur fait*. Mais en même temps la loi les lie, ils ne peuvent la prononcer que dans les cas *expressément prévus, formellement énoncés par la loi*.

Ce n'est point par *interprétation*, par *induction*, par raisonnement, par argument, par conséquence, que les juges peuvent prononcer la contrainte par corps, mais seulement d'*après une disposition expresse et formelle*.

La loi romaine dit avec cette énergie qui lui est propre. « *Quidquid obligationis est, nisi palam verbis exprimatur, omissum intelligitur* ».

Nos législateurs de l'an VI ont appliqué ce principe à la liberté individuelle, ils ont voulu qu'elle ne puisse souffrir d'atteinte que *celles écrites et formellement ordonnées par la loi*.

Le marquis de Beccaria, dans son fameux traité des Délits et des Peines, dit : « Si les » lois ne sont pas *fixes et littérales*, si l'unique

» droit des juges n'est pas de décider seulement » si *l'action est contraire ou conforme à la* » *loi écrite ;* si la règle *du juste et de l'injuste* » qui doit diriger également l'ignorant et l'homme » instruit, *n'est point pour les juges une simple* » *question de fait ;* les citoyens sont les esclaves » des magistrats ».

N'en doutons pas, nos législateurs de l'an VI étaient animés du même esprit ; ils pensaient comme le marquis de Beccaria ; la première preuve, une preuve sans réplique, c'est le langage tenu par le représentant Rosée, rapporteur au collège des anciens, il dit, en parlant de cet article Ier. : « Cette disposition a paru à votre » commission sage et juste ; elle place la loi au-» dessus de la volonté, de l'arbitraire des magis-» trats, *elle leur interdit la faculté dangereuse* » *de l'interprétation.*

» Français ! demeurez donc avec moi péné-» trés de cette idée évidemment vraie : Savoir » que la loi de germinal an VI ne veut, ne per-» met aucune interprétation ; que d'après son » voeu véritable, nul ne peut et ne doit être » condamné par corps que d'après *une dispo-* » *sition littéralement écrite* ».

L'article 2 dispose : « Toute stipulation de » contrainte par corps énoncée *dans des actes,* » *contrats et transactions quelconques,* toute

» *condamnation qui prononcerait cette peine,* » *hors les cas où la loi l'a permise,* sont essen» tiellement nulles ».

Cet article 2, bien apprécié, bien entendu, confirme évidemment l'article premier ; il est de la part de nos législateurs de l'an VI une nouvelle preuve de leur volonté très-nettement exprimée, qu'en aucun cas la contrainte par corps n'ait et ne puisse avoir lieu que *dans les cas par eux formellement exprimés.*

Ce qu'il faut surtout remarquer, cet article dit expressément *tous actes et contrats quelconques;* donc cette expression générale, indéfinie, comprend nécessairement la *lettre-de-change*, puisque dans le fait *elle est un acte.*

Donc cet art. 2 proscrit la *lettre-de-change simulée ;* donc cet article 2 doit être invoqué ; lorsque le débiteur invoque l'article 112 du nouveau code du commerce ; les deux articles se prêtent évidemment un appui mutuel, et mal à propos ont été jusqu'ici séparés ; le grand défaut des défenseurs de Paris est d'avoir mal interprété la loi du 15 germinal an VI, de l'avoir laissé dormir dans leur cabinet.

Les articles 3 et 4 énoncent *les cas civils* qui donnent ouverture à la contrainte par corps, nous n'avons ici nul besoin de nous en occuper.

L'article 5 dispose : « La contrainte par corps

» ne *pourra* être décernée en matière civile » contre les *Septuagénaires*, *les mineurs*, *les* » *femmes et les filles*, si ce n'est pour stellionat, » procédant de leur fait ».

C'est, comme on voit, même disposition que l'ordonnance de 1629; elle est plus avantageuse que celle portée par l'ordonnance de 1667, en ce que ladite ordonnance exceptait trois cas, au lieu que la loi de germinal n'excepte qu'*un seul*, savoir le *stellionat*.

Enfin, l'article 6 dispose : « Tout jugement » rendu, en *contravention aux articles précé-* » *dents*, emportera *nullité*, et donnera lieu à » *la prise à partie*, dépens et dommages et » intérêts contre les juges qui le prononceront ».

Il est malheureux que la bienfaisance de cet article 6 n'ait pas été saisie par les défenseurs de Paris, qu'ils n'ayent pas vu que sa disposition était de la part de nos législateurs de l'an VI une nouvelle preuve de leur intention persévérante de ne point vouloir que la nouvelle contrainte par corps par eux décrétée soit *transgressée*, et s'étende sous quelque prétexte que ce soit *au délà des cas littéralement exprimés*.

Au fait, la loi de germinal an VI est une loi juste et sage, qui tient un juste milieu entre l'extrême rigueur, et une trop grande bienveillance; qui veut que le créancier soit payé, mais non point qu'il puisse opprimer; qui protège, qui défend la liberté individuelle, en même temps qu'elle *spécifie* les sacrifices qu'elle entend lui imposer; qui veut que cette spécification soit une barrière insurmontable tellement que les juges ne puissent la franchir sans frapper de nullité leur jugement, et donner contre eux-mêmes ouverture à la prise à partie. Cette barrière ainsi posée, est la *garantie* dont elle investit la liberté individuelle, le *bouclier dont elle la couvre;* et ce bouclier, elle appèle chaque débiteur à s'en faire *une arme* de vengeance et de répression aussitôt qu'il se croit injustement condamné par corps; telle est la loi de germinal; telle elle existe, telle elle doit exister; c'est ainsi qu'elle s'exprime, c'est ainsi qu'elle doit s'entendre.

Les six articles dont se compose son titre premier, donnent à ce titre deux caractères différents essentiels à remarquer.

D'une part, quant aux articles *trois* et *quatre,* ce titre est une loi *particulière*, une loi *spéciale*, puisque dans le fait ces deux articles expriment seulement les *cas civils* qui donnent ouverture à la contrainte par corps.

D'autre part, quant aux articles 1, 2, 5 et 6; ce titre premier est une loi générale, une loi *fondamentale*, une loi *constitutionnelle*, puisque dans le fait les quatre articles, par leur contexte et leur nature, sont appelés à régler toute *matière quelconque.*

Ce qu'il faut surtout remarquer, c'est que l'article 5 concernant les *septuagénaires*, fait partie de la loi générale, et se trouve comme l'article premier, comme l'article deux, *maintenu*, *garanti*, *couvert* par le dispositif formel et précis de l'article 6, puisque ledit article dit en termes exprès *tout jugement rendu en contravention aux articles précédents.*

Voilà véritablement quel est le titre premier, voilà son véritable vœu.

Voyons maintenant ce que dispose le titre deux, ce titre funeste qui a servi de prétexte pour égorger les Septuagénaires.

Titre II. L'article I. porte « *En matière de* » *commerce* la contrainte par corps aura lieu :

» 1°. Contre les *banquiers*, *agents de change*, » courtiers, facteurs ou commissionnaires *faisant* » *vendre* ou *acheter des marchandises moyen-* » *nant rétribution*, pour la restitution de ces » marchandises ou du prix d'icelles ;

» 2°. De marchand à marchand *pour le fait* » *dont ils se mêlent respectivement ;*

» 3°. Contre tous négociants ou marchands » qui signeront des billets *valeur reçue comp-* » *tant ou en marchandises*, soit qu'ils doivent

» être payés à l'acquit d'un particulier y nommé, *soit à son ordre, soit au porteur;*

» 4°. Contre *toutes personnes* qui signeront » des lettres ou *billets de change, qui y mettront* » *leur aval*, qui promettront *d'en fournir* avec » remise de *place en place* ».

Cette rédaction est précisément celle de l'ordonnance de 1673 « *L'expression est générale,* » *indéfinie, ne présente aucune réserve, aucune* » *exception* »; aucune mention n'est faite des Septuagénaires ni dans la disposition même, ni dans les dispositions postérieures, *il n'est parlé d'eux ni pour ni contre,* c'est précisément même silence que l'ordonnance de 1673; s'ensuit-il de là que l'article 5 de la loi générale est révoqué?

Les articles 2 et 3 de ce même titre 2 portent:

« Sont exceptés des dispositions énoncées » au § IV de l'article précédent, *les femmes,* » *les filles et les mineurs non commerçants.*

» Les femmes et les filles qui seront *marchandes publiques* ou celles mariées qui *feront un commerce distinct et séparé de celui* » *de leurs maris*, seront sujètes à la contrainte » par corps pour *fait de leur commerce* quand » elles seraient mineures, mais seulement pour » exécution d'engagement de marchand à marchand, et à raison des marchandises *dont ils* » *feront respectivement commerce.*

» Cette disposition est applicable aux ban-
» quiers, agents de change, facteurs et com-
» missionnaires, *quoique mineurs pour fait de*
» *leur commerce* ».

Ces articles 2 et 3 sont une rédaction absolument nouvelle, que ne présente point l'ordonnance de 1673, qui ne faisait aucune exception.

Ces deux articles sont évidemment *connexes*, ne peuvent et ne doivent être séparés, ne forment dans le fait et dans le droit qu'*une seule et même disposition*, sont-ils exclusifs?

S'ils portaient « En matière de commerce,
» l'exemption ci-dessus prononcée article 5 du
» titre premier, demeure modifiée, elle n'ap-
» partiendra qu'*aux femmes, aux filles et aux*
» *mineurs non commerçants*, alors seulement
» l'article serait exclusif ».

Nos législateurs de l'an six, on vient de le voir, ne voulaient rien laisser *à l'arbitraire des juges*, ne voulaient aucune interprétation; il n'est donc évidemment à tous égards, point douteux qu'ils se seraient exprimés *dans les termes ci-dessus posés*, si par les articles 2 et 3 dont il s'agit ils avaient entendu établir *une exception exclusive*.

Mais au contraire, tous les termes de ces deux articles *sont seulement positifs* et par suite n'établissent, ne peuvent établir qu'*une exception positive.*

L'exception ne parle nommément que des *femmes, des filles et des mineurs*, voilà les seuls individus qu'elle comprend, qu'elle nomme et par suite les seuls qu'elle peut et qu'elle doit atteindre ; *ubi verba legis deficiunt, cessat ejus dispositio ; in odiosis non fit extensio de casu ad casum, de re ad rem, de personâ ad personam.*

Mention est faite *des femmes, des filles, des mineurs*, parce qu'à leur égard l'exemption portée en l'article 5 du titre premier est restreinte, modifiée, réduite aux *seules personnes civiles.*

Au contraire nulle mention n'est faite des *Septuagénaires*, parce que leur exemption ils la conservent *intacte et entière*, telle qu'elle est établie par l'article 5 du titre premier.

Voilà très-évidemment l'interprétation simple et naturelle, l'interprétation véritable des articles deux et trois du titre deux, et de l'intention clairement manifestée de nos législateurs de l'an VI ; c'est ainsi que le titre premier et le titre deux se concilient et s'expliquent l'un par l'autre, sans effort et sans difficulté.

Cependant nous nous empressons d'en convenir, le conseil d'Etat *Bonaparte* a pensé différemment ; il a décidé, le 6 brumaire an XI :

« Que l'exception portée par les articles 2 et 3 » du titre II de la loi de germinal, était *exclu- » sive*, et en conséquence les *Septuagénaires » commerçants* étaient exclus du droit de se » prétendre exempts ».

Dans le temps cet arrêté a fait gémir tous les bons Français, *même tous les commerçants honnêtes;* certes, ce ne sont pas les *Hottinguer*, les *Delessart*, les *Perregaux*, les *Rougemont*, les *Thibout*, et autres hommes honorables du commerce qui ont sollicité un pareil arrêté, et qui en désirent le maintien ; qui pensent que la faveur due au commerce *doit tuer le respect dû à l'âge ;* que l'honneur, la splendeur, la prospérité du commerce français tiènent à ce que pour dette commerciale un homme puisse et doive être emprisonné, fût-il *âgé de cent ans ;* en général, la nation vit avec regret un arrêté contraire à la générosité, à l'humanité qui ont toujours formé son caractère distinctif.

Les conseillers d'Etat, rédacteurs de l'arrêté, paraissent eux-mêmes s'en être repentis, et avoir pris des sentiments plus humains.

Et en effet, d'une part ils ont rédigé le *nouveau code criminel*, et ce code, ainsi qu'on a vu ci-dessus, *confirme de nouveau le respect dû à l'âge*, accorde des adoucissements aux condamnés, aussitôt qu'ils ont atteint 70 ans.

D'autre part, ils ont rédigé le nouveau code de procédure ; ce code ne dispose-t-il pas, article 800 : « Le débiteur légitimement incarcéré » obtiendra son élargissement, 5°. *si le débi-» teur a commencé sa soixante-dixième année* » et si dans ce dernier cas il n'est pas stellio-» nataire ».

Que signifie cette rédaction si elle n'est pas une rétractation de l'arrêté du 6 brumaire an XI, une résurrection du privilége originaire des Septuagénaires?

M. le comte Merlin, lors de ses fameuses conclusions contre Canalès-Oglou, répondit : « La disposition était nécessaire pour régler un » point de droit très-important jusqu'alors in-» décis, savoir : si pour donner ouverture au » privilége il suffit que la soixante-dixième » année soit commencée ».

Mais ce langage n'est pas exact ; la question était décidée depuis *six ans* par le code civil dont l'article 2066 porte : « La contrainte par » corps ne peut être *prononcée contre les Sep-» tuagénaires, les femmes et les filles, que » dans le cas de stellionat, il suffit que la 70e » année soit commencée pour jouir de la faveur » accordée aux Septuagénaires* ».

Cette disposition du code civil a pour date le 27 *pluviôse an* XII, est postérieure, conséquemment à l'arrêté du conseil d'Etat du 6 brumaire an XI, et par suite est elle-même une seconde rétractation de ce funeste arrêté.

Le code civil est naturellement, essentiellement, *la loi générale des Français*, et à ce titre règle tous les cas qui ne sont *pas réglés par une loi spéciale.*

Aussi, pour conserver aux lois commerciales leur empire, le code civil, article 2070, dit : « Il n'est point dérogé *aux lois qui autorisent* » *la contrainte par corps en matière de com-* » *merce* ».

Il faut bien prendre garde à l'expression, il faut observer que ce n'est qu'*aux loix commerciales* que le code civil consent de ne point déroger.

Or, d'une part dans le fait aucune loi commerciale ancienne ni moderne ne veut que pour dette commerciale les *Septuagénaires commerçants* puissent être contraints par corps, ils n'ont contre eux que l'arrêté du conseil d'Etat bonapartiste du 6 brumaire an onze.

D'autre part, d'après les constitutions d'alors, le conseil d'Etat avait droit d'interpréter les lois obscures, les lois imparfaites, mais *provisoirement seulement, et jusqu'à ce que le corps législatif lui-même règle la question.*

Or, la question dont il s'agit ici se trouve

réglée deux fois par le corps législatif, savoir une première fois le 23 *pluviôse an* XII, lors de la rédaction du code civil, une seconde fois *en novembre* 1806, lors de la rédaction du code de procédure, et les deux fois *en sens contraire* de l'arrêté du conseil d'Etat bonaparte du 6 brumaire an XI; donc cet arrêté du conseil d'Etat est de fait et de droit rapporté, *posteriores leges prioribus derogant dum sunt contrariæ.*

Il faut observer que les articles décrétés par le corps législatif sont précisément les résolutions proposées par le conseil d'Etat, en sorte que c'est par son propre fait et d'après sa propre demande que son arrêté du 6 brumaire an XI se trouve rapporté.

Il faut observer aussi que l'article 800 du code de procédure était originairement ainsi conçu, portait cette addition « *Si le débiteur* » *n'est étranger*, stellionataire, *banqueroutier*, » *marchand ou négociant* ».

Cette rédaction communiquée aux cours d'appel les a révoltées, toutes ont réclamé, et plusieurs très-vivement.

Rouen est une ville d'un grand commerce, et néanmoins la cour d'appel de Rouen a dit : « Les marchands, les négociants méritent la » même faveur que les autres débiteurs, ils sont » tous des hommes, *il faut respecter l'âge* ».

La cour d'appel de Riom en Auvergne, a dit: « Il paraît peu conforme *au respect que l'on » doit à la vieillesse, et à la pitié qu'elle doit » inspirer lorsqu'elle est malheureuse*, d'excep- » ter du bénéfice *le débiteur marchand ou » négociant* ».

La cour d'appel de Poitiers: « D'après la loi » projetée, le bénéfice d'âge ne serait point » applicable aux *marchands*, aux *négociants;* » nous ne sentons pas la différence que la loi » projetée suppose devoir exister en ce cas; » c'est toujours le *respect pour l'âge* qui fait » ouvrir aux vieillards les portes de la prison; » *cette raison est la même*, que le débiteur » soit ou ne soit pas commerçant; le bénéfice » doit sans doute cesser lorsqu'il y a *soupçon » de fraude et de culpabilité;* mais alors même » la *faveur due à l'âge doit toujours prévaloir » provisoirement;* la loi criminelle est là pour » poursuivre et faire punir la mauvaise foi ».

La nation entière s'est expliquée par la voie des cours d'appel, tous les bons Français pensaient alors et pensent encore aujourd'hui *comme s'est expliquée la cour d'appel de Poitiers.*

Une réclamation aussi générale, aussi énergique, fit réfléchir le conseil d'Etat bonaparte, il revit cet article 800, il l'amenda, il le rédigea tel qu'il existe aujourd'hui, et qu'il est ci-dessus rapporté.

Cet article ainsi amendé fut présenté au corps législatif, fut adopté, décrété sans observation, sans restriction.

Au fait, en rédigeant ainsi ledit article 800, en le décrétant dans ces mêmes termes, quelle était l'intention et du conseil d'Etat et du corps législatif? était-elle de créer un article inutile, propre seulement à faire naître des procès, à faire naître des schismes tant entre les cours d'appel entre elles, qu'entre elles et la cour de cassation?

Certes, une telle intention ne peut se prêter à deux corps aussi respectables; voilà néanmoins ce qui est arrivé, et dans le fait la jurisprudence intervenue sur ledit article 800, est flottante, incertaine, divergente.

La cour d'appel de Paris a elle-même varié, elle a, par ses premiers arrêts, par ses arrêts des 18 et 29 avril 1807, entendu et fait valider l'article 800 *tel qu'il est écrit et selon son sens simple et naturel.*

Elle s'est ensuite rétractée; elle a, par son arrêt contre Canalès-Oglou, du 8 mai 1807, adopté l'opinion émise par le tribunal de première instance, lequel a prétendu:

« Que l'article 800 du code de procédure se

» rattachait à l'article 2070 du code civil ; que » les deux articles devaient être envisagés en» semble et s'expliquaient l'un par l'autre ; que » l'article 800 devait être entendu et exécuté » comme s'il portait *sans néanmoins dérogation aux lois du commerce ainsi qu'il est porté par l'article* 2070 *du code civil* ».

Nos magistrats actuels ont-ils le droit d'interpréter ainsi une loi, d'*ajouter à son texte*, non point pour l'éclaircir, mais au contraire pour le *paralyser, pour le rendre inutile et sans effet?*

Les parlements se permettaient des arrêts de réglement, *mais quand la loi était muette.*

Les parlements se permettaient d'ajouter ou de retrancher aux lois qui leur étaient présentées, *mais par leurs arrêts d'enregistrement.*

Nos magistrats actuels ont-ils la puissance, l'autorité des parlements?

Quoi qu'il en soit, le fait est que la cour d'appel de Paris eut la satisfaction de voir son arrêt contre Canalès-Oglou maintenu, confirmé par la cour de cassation électrisée, il est vrai, par M. le comte Merlin, alors son Procureur-général.

Jurisconsulte profond, ergoteur habile, dissertateur subtil, possédé du démon d'*innover*, ambitieux de se créer dans la jurisprudence française un *nom* qui surpasse tous ceux qui l'avaient devancé dans la carrière, M. le comte Merlin crut ajouter à sa gloire et à son renom en énervant, en faisant tomber un privilége jusqu'alors imbranlable et consacré par quatorze siècles de possession paisible.

Ses conclusions supérieurement travaillées ont trois fois égorgé les Septuagénaires ; les arrêts qu'elles ont motivés ont pour date les 10 juin 1807, 3 février 1810, et 15 juin même année.

Dès le premier arrêt, M. le comte Merlin croyait sa doctrine irrévocablement affermie, mais il s'était trompé ; les cours d'appel de *Caen et de Bruxelles* eurent le courage de résister à l'impulsion qu'il avait voulu donner, et par leurs arrêts intervenus les 16 août 1809 et 23 mars 1810, elles jugèrent la question comme la *cour d'appel de Paris l'avait d'abord jugée.*

A l'occasion sans doute d'autres cours d'appel auront le même courage, d'autant que dans les temps les arrêts de Caen et de Bruxelles furent universellement applaudis, et réjouirent véritablement les bons Français.

D'ailleurs quel est le Septuagénaire qui se laissera paisiblement emprisonner, et qui n'osera même à Paris renouveler la question ?

Ainsi donc jusqu'à présent, le seul bien opéré par l'article 800 du code de procédure est d'avoir élevé un *schisme* entre les différentes cours, et d'avoir ouvert *une source intarissable de procès sans cesse renaissants.*

Aujourd'hui les arrêts, même ceux de la cour de cassation, ne sont bons que pour ceux qui les obtiènent; *ils ne sont point la loi;* ils ne suppléent point la loi, *ils sont une décision particulière;* la même question peut se renouveler cent fois, aussitôt qu'il se trouve un plaideur assez hardi, un avocat assez courageux pour oser de nouveau la proposer.

Le code civil, art. 5, porte: « Il est défendu » aux juges de prononcer par une disposition » *générale et réglementaire* sur les causes qui » leur sont soumises ».

Les arrêts de la cour de cassation ne sont point la loi, *mais ils sont d'un grand poids* à raison de la haute réputation dont jouit cette cour justement renommée par sa sagesse, par ses lumières, par sa grande intelligence des lois, par la grande équité qui, généralement, caractérise ses arrêts.

Aussi en l'espèce ce ne sont point les arrêts de la cour de cassation que nous entendons discuter ni combattre, ce n'est point de l'art. 800 du code de procédure dont nous entendons nous occuper, *nous allons au siége du mal*, c'est l'arrêté du conseil d'Etat bonaparte du 6 brumaire an XI, que nous attaquons, que nous désirons faire rapporter. Envisagée sous ce point de vue la question est neuve, et n'a jamais été traitée.

Invocation au Roi.

Monarque juste et éclairé, les Septuagénaires élèvent vers vous leurs mains snppliantes, ils appèlent un regard tutélaire sur leur situation douloureuse, sur l'atteinte portée à leur privilége.

Que la Providence est impénétrable dans ses décrets! qu'elle est grande, qu'elle est admirable! Elle vous appèle, Sire, à régénérer les lois révolutionnaires, à faire renaître parmi nous ces idées de générosité, d'humanité, autrefois si naturelles à la nation française, à proscrire une interprétation évidemment barbare.

Ne repoussez pas, Sire, une mission que Dieu lui-même vous défère; elle achèvera de rendre votre règne à jamais mémorable, et de manifester aux Français l'extrême différence qui exista toujours entre l'autorité légitime et l'autorité usurpée.

Un Monarque héréditaire puise dans son sang, dans sa famille, les exemples de bienveillance et de bonté dont il veut illustrer son règne; il veut constamment le bonheur de ses peuples, il ne se plaît point à torturer les hommes de son empire, à rendre pénible leur existence, à intervertir la possession des siécles, à convertir en poison le bienfait de la nature.

Ouvrons l'histoire, nous trouvons chez tous les peuples barbares et civilisés qu'*à l'âge de soixante-dix ans* les forces morales et physiques de l'homme touchent à leur décadence, s'altèrent, s'affaiblissent tous les jours plus ou moins selon les individus; et en conséquence chez tous les peuples les hommes de 70 ans ont obtenu des *égards*, des *ménagements*.

Parvenir à l'âge de 70 ans est un bienfait de la nature, un bienfait très-rare, que souvent deux hommes obtiènent à peine sur cent. Eh bien! ces favoris de la nature, ce sont eux précisément que la jurisprudence révolutionnaire se plaît à torturer, qu'elle rend comme un jeune homme de vingt ans, sujets *aux horreurs de la prison*, qu'elle destine à pourrir dans la prison s'il est *marchand ou négociant;* aucun âge n'emporte exemption, l'individu serait âgé *de* 150 *ans* qu'il subirait le même sort; voilà dans le fait, voilà la jurisprudence révolutionnaire: comment a-t-elle pu prendre chez un peuple si long-temps renommé par son humanité, par sa générosité? comment peut-elle conserver des sectateurs?

Remarquez, Sire, le contraste singulier qu'offrent *la loi criminelle* nouvellement décrétée et la loi commerciale telle qu'elle est interprétée !

La loi criminelle *consacre de nouveau le respect dû à l'âge ;* elle accorde des adoucissements aux condamnés aussitôt qu'ils ont atteint l'âge de 70 ans : elle est douce, humaine, bienfaisante.

La loi commerciale, *telle qu'elle est interprétée,* n'a pour l'âge ni respect, ni égard, ni ménagement ; elle ne connaît qu'une seule et même rigueur ; elle traite l'homme âgé de cent ans comme le jeune homme âgé de vingt ans ; elle les envoie également l'un et l'autre en prison.

Quoi ! chez le même peuple, dans le même empire, sous le même roi, la loi criminelle, la loi commerciale seraient essentiellement aussi différentes ! il vaudrait mieux être condamné par les juges criminels que par les juges commerciaux.

Sire, ce n'est pas en vain que la France a retrouvé son Roi légitime ! il est de votre âme magnanime et naturellement bienfaisante de peser attentivement les raisons à la faveur desquelles je soutiens qu'un système aussi atroce doit être à jamais proscrit !

§ I.

Nouvelle oppression.

Fière de ses premiers succès, l'oppression menace de se propager ; elle veut étendre ses ravages, elle veut s'immoler des nouvelles victimes, elle veut étendre son joug *sur l'homme civil condamné commercialement.*

La différence est grande néanmoins entre l'homme civil condamné commercialement, et l'*homme commerçant;* les avoués, les agréés, les huissiers ont long-temps erré sur ce point; mais aujourd'hui l'erreur n'est plus permise, ou du moins ne peut avoir aucun crédit, la question est décidée législativement : le code de commerce, article premier, porte :

« Sont commerçants ceux qui exercent des » actes de commerce, et *en font leur profession* » *habituelle* ».

Ainsi donc c'est *la profession habituelle*, et non point quelques actes particuliers, quelques actes isolés de commerce qui constituent le commerçant ; ces actes passagers *soumettent seulement pour chaque acte à la jurisdiction commerciale;* voilà toute la punition qu'ils entraînent.

Les orateurs du gouvernement, en proposant

cet article, dirent : « Les mœurs de la nation » en général, et les mœurs commerciales en » particulier, ont subi des grands changements, » et ces mœurs ne sont pas encore fixées.

» Il est donc d'une haute importance de les » fixer dans une distance commune.

» Nous n'avons point pensé qu'il fût néces- » saire de dire qu'*en France toute personne a* » *le droit de faire le commerce*, *mais bien de* » *fixer le caractère auquel se reconnaît le* » *commerçant.*

» Les jurisdictions commerciales s'exercent » désormais et sur ceux qui font leur profession » du commerce, *et sur les actes de commerce par* » *quelques personnes qu'ils soient pratiqués* ».

Ces définitions sont claires, précises, ne laissent matière à aucun doute, à aucun nuage.

Plusieurs actes de commerce, même répétés dans la même année, ne constituent pas un homme commerçant ; il faut qu'il fasse profession habituelle du commerce ; que le commerce soit son *seul* ou au moins son *principal* moyen de subsister.

Ainsi donc depuis le nouveau code de commerce, encore plus qu'auparavant, l'*homme poursuivi, même condamné commercialement*, ne peut être assimilé à l'homme commerçant, ne peut et ne doit être rangé sur la même ligne.

1°. Aucun reproche ne peut être fait, aucun soupçon de fraude ne peut s'élever contre lui, parce qu'*il n'a pas des livres et registres.*

2°. Il n'a point la faculté de *faire faillite*, il ne peut déposer un *bilan*, il ne peut obtenir un *sauf-conduit*, il ne peut assembler ses *créanciers*, convenir avec eux d'un attermoyement, le faire homologuer en justice, forcer les refusants à l'accepter *ne formassent-ils que le douzième des sommes qu'il doit.* Toutes ces nuances sont un *privilége particulier, spécial appartenant aux seuls véritables commerçants.*

Puisque les hommes civils, quoique condamnés commercialement, ne peuvent participer aux mêmes priviléges que les commerçants, que ces priviléges sont réservés *aux seuls commerçants*, il est d'une conséquence naturelle et nécessaire que la déchéance du bénéfice de l'âge *jusqu'ici particulière et personnelle aux seuls commerçants*, ne puisse atteindre l'homme civil condamné commercialement.

Voilà le premier moyen qu'invoquent les hommes civils condamnés commercialement; ils en invoquent un second non moins péremptoire, ce sont les termes mêmes des monuments existants jusqu'ici contre les Septuagénaires.

Le prétexte, le premier fondement de l'oppression par eux soufferte, est l'article 3 du titre II de la loi du 15 germinal an VI. Mais dans le fait que dispose cet article? il ne dispose pas que les femmes et les filles *non commerçantes poursuivies commercialement*, *seront sujettes à la contrainte par corps.* Mais au contraire, la disposition y soumet seulement « Les femmes » et les filles, *marchandes publiques, et celles » mariées, qui feront un commerce distinct » et séparé de celui de leurs maris* ».

Impossible de sortir de ces termes qui sont *absolus*, qui repoussent toute extension, tant d'après l'adage du jurisconsulte Tertullien : *Scriptura negat quod non notat*, que d'après ces trois autres adages, que présente le droit romain, adages unanimement adoptés par tous nos jurisconsultes français, et notamment par Dumoulin et Dargentré : *Qui de uno dicit negat de altero.*

Voilà le premier principe que pose le droit romain, principe exact et vrai en morale comme en jurisprudence; *parler seulement d'une chose, c'est exclure toutes les autres.*

Expressio unius est exclusio alterius, voilà le second principe que pose le droit romain, principe qui n'est exactement autre chose que la répétition, la confirmation du premier, ce qui prouve combien les Romains tenaient essentiellement à ce vœu moral.

Enfin le droit romain dispose : *In odiosis non » fit extensio de casu ad casum, de re ad rem, » de persona ad personam ».*

Cette dernière maxime est superbe, énergique, digne des beaux siècles de Rome, sous lesquels elle est née, et des empereurs célèbres par lesquels elle a été maintenue; en matière odieuse ou rigoureuse *aucune extension ne peut se faire d'un cas à un autre, d'une chose à une autre, d'une personne à une autre.*

La loi du 15 germinal an VI vient elle-même à l'appui, confirme toutes ces anciennes maximes. Son article premier veut impérativement qu'en aucun cas et contre qui que ce soit la contrainte par corps ne puisse être prononcée qu'en vertu *d'une loi formelle.*

Dans le fait aucune loi formelle ne prononce en aucun cas, *pour dettes*, la contrainte par corps contre les femmes et les filles *civiles*, c'est-à-dire *non commerçantes;* donc il demeure à leur égard démontré que les femmes, les filles *civiles* même condamnées *commercialement* ne peuvent être condamnées par corps.

Les mêmes raisons militent pour les Septuagénaires, *hommes purement civils*, c'est précisément même raison de décider.

C'est par *induction* des expressions de l'art. 3 du titre II de la loi de germinal, et d'après la présomptionqu'ils sont *virtuellement compris* dans la disposition de cet article, que les conseillers d'Etat de Bonaparte ont, par leur arrêté du 6 brumaire an XI, déclaré les Septuagénaires assujétis à la contrainte par corps; il est donc clair qu'ils n'ont entendu et pu entendre leur interprétation que conformément au texte dont elle dérivait; or, les individus dénommés dans ce texte, ne sont, comme on vient de l'observer, déchus du privilége qu'autant qu'ils sont commerçants; donc, pour leur être assimilés, pour subir la même déchéance, *il faut que les Septuagénaires soient commerçants, réellement commerçants.*

Au surplus, l'addition que présentait originairement l'article 800 du code de procédure, tranche toute difficulté. Cet article exemptait tout Septuagénaire de la contrainte par corps, à moins qu'il ne soit *marchand ou négociant.*

L'expression est ici positive; donc la déchéance est nécessairement restreinte au seul cas qu'elle exprime *In odiosis*, dit notamment le fameux Dumoulin, *hoc maxime particulare est quod verbis legis tenaciter est inhærendum, nec illis licet addere, nec detrahere, nec aliud interpretari quam lex loquitur.*

Roi magnanime, roi juste et éclairé, ne souffrez pas qu'une nouvelle oppression s'organise, que sous votre règne elle soit plus dure, plus cruelle que sous l'usurpateur.

Daignez saisir votre conseil d'Etat de l'examen de la question, et en conséquence ordonner au tribunal de première instance de Paris de surseoir le jugement de la contestation dont il est actuellement saisi ; *empêcher toute oppression, couvrir constamment ses peuples d'un bouclier paternel est le plus bel apanage de la royauté.*

§ II.

Faveur due à la liberté.

In omnibus rebus, dit en termes exprès le droit romain, *libertas individua præcipue est spectanda;* en toutes choses la liberté individuelle doit être essentiellement respectée.

In dubio, poursuit le droit romain, *pro libertate semper est respondendum;* dans le doute, il faut toujours répondre pour la liberté.

In dubio, dit encore le droit romain, *propensiores esse debemus ad liberationem;* dans le doute il faut toujours pencher pour la libération : il faut favoriser plutôt le débiteur que le créancier.

« *In omnibus rebus*, dit encore le droit ro-

» main, *placuit præcipuam esse justitiæ æqui-* » *tatisque rationem, quam stricti juris, est* » *enim jus innatum et naturale;* en toutes » choses, il faut écouter l'*équité* plutôt que le » strict droit ; elle est le droit inné, le droit » naturel ».

Nos jurisconsultes modernes professent la même doctrine, quoiqu'ils s'expriment en termes différents.

Dumoulin, le premier de nos jurisconsultes, Dumoulin, outre le passage ci-dessus rapporté, dit encore : *in odiosis, ubi verba legis deficiunt* » *cessat ejus dispositio.*

Dargentré, son digne rival, dit également : « *In odiosis nihil est subaudiendum nec aliud* » *lex sensisse intelligi debet quam quod verbis* » *expressit* ».

Balde, jurisconsulte ultromontain : « *In odiosis* » *debemus inhærare tenaciter verbis legis, nec* » *aliter interpretari quam lex loquitur, nam* » *statuta tantum disponunt quantum loquuntur*».

Barthole, autre jurisconsulte italien, dit : « *In* » *odiosis verba in suâ et propriâ significatione* » *accipiuntur, nec interpretationem nec exten-* » *sionem admittunt, sunt strictissimi juris et* » *ad instar contractuum judicantur* ».

Cujas, le plus fameux de nos jurisconsultes après Dumoulin et Dargentré, Cujas fait cette distinction infiniment sage, infiniment heureuse: « *Rem ita distinguimus, ut in his quæ scripto » palam comprehensa sunt, judex a scripto » recedere non potest.*

» *In his autem quæ palam scripto comprehensa » non sunt judex debet spectare æquitatem » potius quam jus scriptum; æquitas enim est » optima legum interpres, est jus primordium, » jus naturale* ».

En l'espèce, de quoi s'agit-il? Il s'agit d'interpréter la loi du 15 germinal; il s'agit de décider si l'exemption des Septuagénaires *prononcée en termes très-énergiques par l'article 5 du titre premier*, devait être répétée, réitérée dans le titre II? Si le *silence total* que garde à l'égard des Septuagénaires, ce titre II est une révocation de leur privilége? Si par induction de *l'article premier* dudit titre II leurs priviléges sont anéantis sans distinction aussitôt qu'il s'agit d'*une matière de commerce*, ou si, par argument de l'article 3 du même titre ils doivent être rangés sur la même ligne que *les femmes, les filles et les mineurs*, et par suite, s'ils ne perdent leur privilége qu'*alors qu'ils sont commerçants*, voilà la question principale à résoudre; quelques efforts que fassent nos adversaires, s'ils ne peuvent eux-mêmes méconnaître que la question est *douteuse;* que si elle fournit quelques arguments contre les Septuagénaires, le fait est que *les plus nombreux, les plus péremptoires* sont en leur faveur.

Daignez donc, Sire, vous fixer aux premières autorités ci-dessus invoquées, vous pénétrer du principe que la libération est toujours extrêmement favorable, que dans le doute elle doit prédominer. *In dubio pro libertate respondendum.*

§ III.

Empire de la loi spéciale.

Le titre premier de la loi de germinal est, quant à ses articles 1, 2, 5 et 6, *une loi générale*, et au contraire le titre II est dans tout son contexte *une loi spéciale, une loi particulière.*

Quel est l'empire de ces deux lois ? Chacune d'elles, alors qu'*elle est postérieure*, efface-t-elle de plein droit ce que *la loi antérieure* a prescrit?

La *négative* nous est enseignée par nos adversaires eux-mêmes, et en effet le code judiciaire est de beaucoup postérieur au code civil, et néanmoins, comme on a vu ci-dessus, nos adversaires soutiènent, et dans le fait ils ont fait juger trois fois : « Que l'article 800 du code » judiciaire, quoique sa disposition soit géné-

» rale, indéfinie, sans réserve, sans restriction, » *demeurait néanmoins soumis à l'empire de* » *l'article* 2070 *du code civil*, et devait s'inter- » préter par ledit article *faute* de présenter » une dérogation formelle audit article 2070 ».

Nous opposons donc d'abord aux adversaires leur propre doctrine ; nous leur disons : Sur quel fondement voulez-vous interpréter le titre II de la loi de germinal différemment de l'interprétation que vous-mêmes vous donnez à l'art. 800 du code judiciaire ? Ce titre II présentait-il, *quant aux Septuagénaires*, aucune dérogation formelle qui proscrive l'exemption absolue et sans réserve que prononce en leur faveur le titre I ? Sur quel fondement *suppléez-vous* une dérogation qui, dans le fait, n'est pas écrite ? *vous avez donc deux poids et deux mesures?*

Au surplus *en droit* c'est chose certaine que la loi postérieure n'anéantit pas toujours la loi antérieure.

A la vérité la loi romaine dit en termes exprès « *Prioribus posteriora ipso jure derogant.* Mais presque sur-le-champ elle modifie, elle rectifie ce premier principe, elle dit :

« *Non est novum ut priores leges ad poste-* » *riores trahantur.*

» *Antiquiores leges ad posteriora trahi usi-* » *tatum est.*

» *Posteriores leges ad priores pertinent nisi » contrariæ sint, idque multis argumentis pro- » batur* ».

Voilà littéralement ce que disposent les lois 26, 27 et 28 de *legibus*, ce qu'elles présentent comme une règle immuable.

Nos docteurs modernes traitent seulement de *la loi spéciale*, voici les principes qu'ils posent.

La grande, la première division des lois est en loi *générale* et loi *spéciale*.

La loi est *générale* lorsqu'elle règle plusieurs matières, et qu'elle oblige tous les citoyens.

La loi est *spéciale* lorsqu'elle ne règle qu'une seule matière, et qu'elle n'oblige qu'une classe de citoyens.

Antérieure ou postérieure, la loi spéciale n'a de force et d'empire qu'*à raison de ce qu'elle exprime formellement et littéralement*.

Barthole, jurisconsulte italien, qui fleurissait en 1580 : « *In lege speciali verba in suâ propriâ » significatione accipiuntur; nec interpretatio- » nem nec extensionem admittunt; sunt » strictissimi juris, et ad instar contractuum » judicantur* ».

Balde, autre jurisconsulte italien, qui fleurissait vers ce même temps : « *Verbis statuti de- » bemus inhærere nec aliter interpretari quam » statuta loquuntur; nam statuta tantum dis- » ponunt quantum loquuntur* ».

Decius, jurisconsulte flamand, qui vivait sous Charles-Quint : « *In statutis contra jus commune » non fit extensio de similibus ad similem* ».

Le président Everard, magistrat flamand : « *Argumentum simile non procedit quando lex » est odiosa ; tunc propter similitudinem non » infertur ad similem casum odiosum* ».

Enfin, notre célèbre Dargentré, sur l'article 266 de la coutume de Bretagne : « *Casus omissus » debet haberi pro omisso, quantum cumque » par ratio videatur, quia in materiâ a jure » civili, exorbitante, non est interpretatio fa- » cienda, nec ex paritate, nec ex inductione » sed in suis terminis expressio servari debet* ».

Toutes ces autorités anciennes se trouvent confirmées, corroborées par la loi de germinal elle-même, laquelle, comme on a vu ci-dessus, titre Ier, article premier, ne permet la contrainte par corps qu'*autant qu'elle est prononcée par une loi formelle.*

Après un vœu aussi énergiquement émis, comment admettre que si nos législateurs de l'an VI avaient entendu, *quant aux Septuagénaires*, déroger par le titre II au titre premier, *ils n'en auraient pas fait mention ?*

Mais, disent nos adversaires, dans le titre premier le même article, l'article 5 « Conjoint » les Septuagénaires, les femmes, les filles,

» les mineurs, les exempte d'un seul et même » texte, et au contraire dans le titre II l'art. 2 » n'exempte que les femmes, les filles, les mi- » neurs; *il ne fait nullement mention des Sep- » tuagénaires;* pourquoi cette omission? La con- » séquence n'est-elle pas que les Septuagénaires » *demeurent omis*, parce qu'ils demeurent *sou- » mis à l'expression générale* de l'art. premier, » lequel porte littéralement *toutes Personnes* »?

Nous répondons : l'argument contraire résulte précisément des bases dont vous vous appuyez.

Les articles 1, 2 et 6 du titre Ier ne sont point relatés dans le titre II, et cependant de l'aveu de tout le monde, ils font loi, tant en matière commerciale qu'en matière strictement civile.

L'article 5 du titre Ier est sur la même ligne que les articles 1, 2 et 6; il est aussi *une loi générale*, il est couvert, maintenu, garanti par *le même bouclier*, par l'article 6, lequel veut impérativement « Que tout jugement rendu en » contravention aux articles qui le précèdent, » emportera nullité ».

D'après les autorités accumulées, ci-dessus rapportées, toute disposition une fois portée, soit dans une loi générale, soit dans une loi spéciale n'est anéantie qu'*en vertu d'une dérogation expresse et formelle*.

C'est pour opérer cette dérogation voulue par

les principes que les articles 2 et 3 ont été rédigés ; il ne faut point les séparer, ils ne forment qu'une seule et même disposition.

Si ces articles n'existaient pas, les filles, les femmes, les mineurs, auraient conservé leur exemption telle qu'elle est écrite dans l'art. 5 du titre Ier. Mais à leur égard, des articles précis s'expliquent, ils forment encore la loi nouvelle dérogatoire audit article 5, et aux termes de laquelle l'*exemption accordée généralement est restreinte ;* les femmes, les filles, les mineurs *commerçants* en sont déclarés *déchus*.

Ce qu'il faut surtout remarquer, ce n'est pas pour *renouveler, pour confirmer l'exemption accordée,* que les femmes, les filles, les mineurs sont rappelés, mais au contraire pour *l'infirmer, pour la restreindre*, pour l'enlever aux filles, aux femmes, aux mineurs *faisant commerce*.

De là résulte évidemment que la non mention des Septuagénaires est un argument en leur faveur, une preuve qu'ils conservent leur exemption entière, intacte, sans novation et sans restriction.

Certes, voilà l'interprétation simple et naturelle, interprétation conforme aux principes, interprétation conforme à la lettre et à l'esprit de la loi du 15 germinal.

Roi juste et éclairé, daignez vous pénétrer

de ce second résultat ; daignez voir combien les conseillers d'Etat de Bonaparte ont erré dans le fait et dans le droit ; combien leur arrêté du 6 brumaire an XI viole les principes les plus accrédités en fait d'interprétation des lois et le vœu véritable de la loi de germinal an VI.

§ IV.

Exemples modernes.

Ce qu'il faut surtout observer, c'est que les mêmes principes ci-dessus posés, ces mêmes principes se trouvent canonisés, de nouveau consacrés par la jurisprudence moderne, notamment par quelques exemples du plus grand poids.

Premier exemple.

Certes, nous pouvons *citer comme tels* les trois arrêts rendus successivement par la cour de cassation relativement à l'interprétation du numéro 5 de l'article 800 du code judiciaire.

La disposition de l'article 800 est générale, indéfinie, et en soi très-favorable, puisqu'elle est *une disposition libératoire.* Ni ledit art. 800 ni le code entier ne font aucune mention de l'article 2070 du code civil ; la cour de cassation a néanmoins constamment jugé que, faute de *dérogation expresse* à l'article 2070 du code civil, ledit article 2070 réglait, devait régler le sens et l'effet de l'article 800.

Les Septuagénaires ne peuvent être victimés, jugulés de toutes les manières ; on ne peut toujours interpréter contre eux ; le même genre d'interprétation doit régler toutes les dispositions qui les concernent, et par suite l'article 5 du titre Ier de la loi de germinal doit, à l'égard des Septuagénaires, conserver sa force et son effet, puisque de fait ils ne sont pas compris dans la dérogation portée par l'article 3 du titre II.

Second exemple.

Le second exemple nous est donné par M. le comte Merlin, en ces termes, essentiels à remarquer dans ses fameuses conclusions de juin 1807 contre Canalès-Oglou. Il dit :

« N'est-il pas de principe général que toutes » les fois qu'une loi ancienne et une loi nou» velle contiènent la même disposition, *l'excep» tion qui limite cette disposition dans la loi » ancienne doit être sous-entendue dans la loi » nouvelle ?*

» N'est-ce pas sur ce fondement que l'on » juge tous les jours à la section criminelle que

» *les délits ruraux et forestiers se prescrivent*
» *encore par le terme fixé par la loi de sep-*
» *tembre* 1791, quoique le code de brumaire an
» IV n'ait pas *renouvelé* cette disposition quoiqu'il
» n'ait posé pour tous les délais en général qu'une
» seule et même prescription de trois ans ».

Dans le fait la loi de septembre 1791 avait porté la même prescription de *trois ans* pour tous les délits en général, et réduit *à un mois* celle des délits ruraux et forestiers.

En 1795 intervint la loi dite le *code brumaire an IV;* elle renouvela la prescription générale de trois ans, ne *fit aucune mention de la prescription particulière* aux délits ruraux et forestiers, et néanmoins cette prescription particulière est demeurée maintenue ; elle forme encore aujourd'hui la loi en vigueur.

Si deux lois promulguées à cinq ans de distance, rédigées par des législateurs différents, ont reçu une telle interprétation, comment concevoir qu'elle ne s'appliquerait pas aux deux titres d'*une même loi rédigée au même temps, du même contexte, et par les mêmes législateurs,* et que l'exemption *générale, indéfinie* portée en faveur des Septuagénaires par l'article 5 du titre Ier doive être censée anéantie *en matière de commerce*, parce qu'elle n'est pas renouvelée dans le titre II ?

Troisième exemple.

M. le comte Merlin nous le fournit également dans ces mêmes conclusions, et en ces termes. Il dit :

« N'est-ce pas encore sur ce fondement que » par arrêt du 10 brumaire an XII, rendu au » rapport de M. Genevois, et sur notre requi- » sition la cour a jugé en cassant deux juge- » ments du tribunal civil de Mortagne, que ni » la loi du 27 ventôse an VIII, ni l'arrêté du » gouvernement du 22 thermidor même année, » en *donnant aux huissiers de chaque tribunal* » *d'arrondissement le droit de faire tous ex-* » *ploits dans l'étendue de leur tribunal*, n'avaient » point anéanti l'article 27 de la loi du 9 ven- » démiaire an IV qui *leur défend de faire aucun* » *exploit pour la justice de paix et les bureaux* » *de conciliation* ».

Dans le fait, la loi du 19 vendémiaire an IV appelait chaque juge de paix à se créer un ou deux huissiers pour desservir sa justice, et attribuait auxdits huissiers le droit exclusif de signifier toute citation, tout jugement.

La loi du 27 ventôse an VIII créa des huissiers dans chaque tribunal civil, et l'arrêté du gouvernement du 22 thermidor même année, leur attribue 1°. le service personnel près leurs tribunaux respectifs ; 2°. les significations d'avoué à avoué ; 3°. *concurremment avec tous autres huissiers le droit de faire tout exploit chacun dans l'étendue de leur tribunal.*

Ni la loi nouvelle, ni l'arrêté du gouvernement ne parlaient des huissiers de justice de paix, d'où les huissiers audienciers des tribunaux civils concluaient que la loi de vendémiaire était rapportée, qu'ils pourraient aussi exploiter devant la justice de paix.

Le tribunal de Mortagne avait décidé en leur faveur, mais la cour de cassation, conformément aux conclusions de son procureur général cassa le jugement, et ce qu'il faut remarquer, son arrêt dit : « La règle générale est que » toutes les fois qu'une disposition *indéfinie* » par soi se trouve à-la-fois dans une loi an- » cienne et dans une loi nouvelle, *l'exception* » *qui la limite dans la loi ancienne*, *doit être* » *sous-entendue dans la loi nouvelle* ».

Dans cette espèce, l'interprétation réclamée par les huissiers des justices de paix était évidemment peu favorable ; et, en effet, il s'agissait uniquement de *l'intérêt personnel de ces huissiers;* tous les autres Français avaient intérêt à ce que leur réclamation fût rejetée, à ce que la concurrence eût lieu, à ce que chacun fût conservé dans la faculté qu'il doit naturellement avoir de pouvoir, à son gré, choisir son huissier ; néanmoins la force et la vérité des principes l'emportèrent; les huissiers des justices de paix conservèrent leur privilége exclusif, *faute par la loi nouvelle d'avoir exprimé une dérogation expresse et formelle.*

Combien, à plus forte raison, en l'espèce actuelle, les mêmes principes doivent obtenir le même empire, et les Septuagénaires doivent être rétablis dans l'exemption générale et indéfinie que leur assure l'article 5 du titre Ier de la loi du 15 germinal an VI!

§ V.

Jurisprudence de 1673.

En l'année 1673, sous Louis XIV, l'ordonnance commerciale alors rédigée et promulguée, présentait précisément la même question que celle décidée le 6 brumaire an XI par les conseillers d'Etat Bonaparte.

L'ordonnance de 1673 était entièrement *commerciale*, entièrement spéciale, ne *faisait aucune mention des Septuagénaires*, condamnait par corps *indistinctement* toute personne dans les cas par elle exprimés.

Comment néanmoins sa disposition a-t-elle été interprétée ? L'exemption générale et indéfinie prononcée en faveur des Septuagénaires par l'ordonnance de 1667 a-t-elle souffert la moindre atteinte ? Deux arrêts solennels prouvent authentiquement la négative.

« Il a été jugé en la grand'chambre, le 14 de » juillet 1700, plaidant Secousse et Carrite, dit » Bornier, conformément aux conclusions de » M. l'avocat général, portant que le débiteur » qui avait commencé sa *Soixante-dixième* » *année* devait, quoiqu'elle ne fût pas complète, » jouir de la faveur accordée par l'ordonnance » de 1667, titre XXXIV, article 9, fondé sur » sur ce que *in favorabilibus annus inceptus* » *pro completo habetur.*

» Il a été jugé le 27 février 1706 à la cour » des aides de Paris, conformément aux con- » clusions de M. l'avocat général Delpietre, » poursuit Bornier : *Que l'exemption des Sep-* » *tuagénaires avait lieu même pour deniers* » *royaux* ».

Ce qu'il faut essentiellement observer, c'est que lors de ces deux arrêts l'exemption septuagénaire n'était point contestée, qu'on ne prétendit point qu'elle était affaiblie, restreinte par l'ordonnance commerciale de 1673; la seule question était celle de savoir si *l'exemption serait améliorée* au point qu'elle a été portée par les deux arrêts.

Dans le temps le silence de l'ordonnance de 1673 ne fut jamais relevé ; il ne se trouva pas *même un procureur assez déhonté* pour oser prétendre que ce silence portait atteinte au privilége des Septuagénaires ; il fut au contraire universellement reconnu que le silence de l'ordonnance de 1673 était *de plein droit interprété, suppléé par la disposition précise, formelle, générale, indéfinie de l'ordonnance de* 1667.

M. le comte Merlin convient lui-même de l'interprétation ; il dit, dans ces mêmes conclusions, contre Canalès-Oglou : « N'est-il pas » de principe général que toutes les fois qu'une » loi ancienne et une loi nouvelle contiènent » la même disposition, *l'exception qui se trouve » dans la loi ancienne doit être sous-entendue » dans la loi nouvelle* ».

N'est-ce pas sur ce fondement qu'avant la loi du 15 germinal an VI, « On jugeait constam- » ment que dans la disposition commune des » ordonnances de 1667 et 1673, qui assujétis- » saient à la contrainte par corps les débiteurs » pour fait de commerce, on devait sous-en- » tendre dans l'ordonnance de 1673, l'exception » écrite dans l'ordonnance de 1667 en faveur » des Septuagénaires ».

Puisque deux lois promulguées *à six ans de distance*, rédigées par des législateurs différents, ont reçu une telle interprétation, comment concevoir que les deux titres de la même loi, rédigés en même temps, du même contexte, et par les mêmes législateurs, ne doivent point recevoir la même interprétation, et le titre Ier de la loi de germinal interpréter le titre II ?

N'en doutez pas, Sire, telle est la véritable, la saine interprétation de la loi de germinal; le point de droit est lumineusement établi, le point de fait n'est pas moins clair d'après le texte même de la loi de germinal. Mais, Sire, pour achever de vous convaincre, et porter la conviction au dernier degré, daignez, Sire, daignez consulter, vérifier le langage tenu par les deux rapporteurs.

§ VI.

Langage des deux Rapporteurs.

La loi du 15 germinal an VI est intervenue lorsque la France avait adopté le régime républicain, lorsque la puissance législative se composait de deux corps distincts, savoir les *Cinq-Cents et les Anciens.*

L'un et l'autre corps étaient trop nombreux

pour pouvoir rédiger la loi, même pour pouvoir l'examiner avec maturité ; cette mission était dans l'un et l'autre corps *donnée à une commission de cinq membres.*

Le conseil des *Cinq-Cents* avait l'initiative ; il proposait, il rédigeait la loi ; le conseil des *Anciens* examinait ; il approuvait ou rejetait.

Dans l'un et l'autre corps la commission était *l'âme de la loi*, en possédait les motifs, les vues, l'intention ; chaque commission s'expliquait par un seul de ses membres, mais il parlait au nom de tous, et les cinq membres s'étaient préalablement concertés.

Il faut rendre justice à nos législateurs de l'an VI ; ils n'eurent point ce civisme haineux, barbare, féroce, qu'avaient affecté leurs prédécesseurs ; la raison, l'équité, eurent souvent sur eux le plus grand empire.

Ils n'eurent point à délibérer si la contrainte par corps serait rétablie, elle l'avait été d'*enthousiasme*, sans examen, sans réflexion, sans avoir mûrement balancé les avantages et les inconvénients.

Nos législateurs de l'an VI avaient seulement pour mission d'établir dans toute la France une législation uniforme, de retoucher les lois anciennes, d'adoucir ce qu'elles présentaient de trop rigoureux, de concilier autant qu'il serait possible *les deux intérêts opposés*, c'est-à-dire l'intérêt du commerce, l'intérêt du débiteur ; et cette mission, il faut l'avouer, ils l'ont remplie honorablement.

Aux Cinq-cents le représentant Ludot, organe de la commission de ce conseil, eut le bonheur d'emporter sur-le-champ les suffrages. Il ne fit qu'un seul rapport ; il dit :

« Je viens vous soumettre les principaux » motifs qui ont dirigé votre commission dans » les développements du principe précédemment » décrété.

» Il nous parut d'abord tout naturel de revenir » *à nos lois anciennes*, non parce qu'elles » existent, mais parce que la plupart de leurs » dispositions sont sages, et qu'en matière de » législation *nous ne voulons rien changer ou* » *modifier que quand la nécessité l'exige*.

» Ce principe lui-même nous a fait sentir » que si la nature des engagements commer- » ciaux devait faire attacher la contrainte par » corps à leur stricte exécution, il n'en était » pas ainsi *des contrats civils*, dont l'essence » différente des premiers *offrait par elle-même* » *une garantie* ».

» Votre commission a donc cru devoir réduire » à un petit nombre de cas la contrainte par » corps en matière civile proprement dite.

» Il a fallu devenir plus sévère en matière de » commerce ; la cupidité s'y reproduit sous trop » de formes pour qu'on ne soit pas obligé d'as- » treindre à des lois rigoureuses quiconque se » livre à cette profession ; nous avons dû con- » sulter l'*intérêt public*, et non point quelque » convenance particulière.

» De là l'exercice de la contrainte par corps » que nous proposons contre les *femmes*, *les* » *mineurs pour fait de commerce*.

» Il sera donc facile de reconnaître que si mal- » gré la sévérité de ces principes il est *quelques* » *exceptions* à faire en ce genre, ces exceptions » sont moins celles des individus que *celles* » *exigées par l'utilité générale ou par l'huma-* » *nité*.

» Si le législateur aperçoit *le commerçant*, » il ne doit pas perdre de vue *le citoyen* ».

Tel fut le langage tenu par le représentant *Ludot*, au conseil des Cinq-cents ; et ce qu'il faut essentiellement remarquer, il était le principal rédacteur de la loi qu'il s'efforçait de faire adopter ; il devait donc en *connaître parfaitement les vues*, *les motifs*, *l'intention*, *le vœu véritable*, *ce qu'elle devait ou ne devait pas comprendre*.

Impossible donc d'adopter que si l'intention des rédacteurs avait été d'anéantir, de *tuer en faveur du commerce la faveur due et jusqu'alors accordée à l'âge avancé*, ils n'en auraient pas fait mention. A quel propos auraient-ils gardé un silence aussi perfide, aussi criminel?

Roi juste et éclairé, daignez vous-même apprécier ce rapport? daignez peser dans votre sagesse si le silence absolu du représentant Ludot *à l'égard des Septuagénaires* n'est pas en leur faveur un argument décisif?

Plusieurs phrases de ce rapport viènent à l'appui, sont au fait une confirmation directe, précise, du privilége aujourd'hui contesté.

Et en effet 1°. le représentant Ludot ne dit-il pas que *les lois anciennes* ont été la base première de la loi nouvelle? Donc les rédacteurs de la loi nouvelle ont parfaitement connu l'exemption accordée par les lois anciennes aux Septuagénaires, et par suite s'ils avaient entendu la réduire, la modifier, il est clair, il est d'une conséquence irréfragable, qu'ils en auraient fait mention.

2°. En parlant de la sévérité établie par la loi projetée, le représentant Ludot ne nomme-t-il pas les *femmes* et les *mineurs*; par quel hasard, par quel motif, n'aurait-il pas aussi nommé les *Septuagénaires*, si l'intention de la loi projetée avait été de les réduire au même sort que les femmes et les mineurs? Pourquoi citer plutôt les femmes, et passer sous silence les *Septuagénaires?* Ce silence n'est-il point dans le fait un argument démonstratif, et dans le droit un argument décisif d'après la maxime vulgaire, *expressio unius est exclusio alterius?*

3°. Enfin le représentant Ludot ne dit-il pas en termes exprès avoir reconnu qu'on ne pouvait se dispenser de *maintenir l'exception voulue par l'humanité.*

Par l'*humanité!* A ce mot, à cette expression, peut-on méconnaître les Septuagénaires? Peut-on ne pas voir que c'est d'*eux* uniquement qu'il s'agit? L'humanité n'est-elle point la base, le motif de leur exemption? Ont-ils été exemptés d'abord du *combat personnel*, et ensuite de la *condamnation par corps* par autre motif si ce n'est qu'il a été universellement reconnu et par les peuples barbares et par les peuples civilisés, qu'en général *l'homme à l'âge de 70 ans perd ses forces morales et physiques, périclite et dépérit tous les jours.*

Roi magnanime, Roi juste et bienfaisant, daignez arrêter votre attention sur ces trois résultats, et vous serez convaincu que d'après le rapport du représentant Ludot, les conseillers d'Etat Bonaparte de l'an XI ont erré, ont prêté à la loi du 15 germinal an VI une férocité qui n'existait ni dans le vœu de sa rédaction, ni dans l'intention des rédacteurs.

Voyons maintenant ce que le représentant Rosée a dit au collége des anciens. Il fut moins heureux que le représentant Ludot ; il eut des objections à combattre ; il fut obligé de faire deux rapports.

Les *républicains austères* trouvaient la loi projetée trop douce, trop modérée, gènant trop le créancier, l'asservissant à des formalités qui pouvaient finir par anéantir ses droits : ils voulaient des lois de sang, ils prétendaient que des lois pareilles pouvaient seules maintenir la république.

Au contraire, les *modérés*, les hommes sages, les hommes revenus de l'effervescence démocratique et des illusions du philosophisme, trouvaient la loi projetée *trop dure, qu'elle n'accordait pas au débiteur une garantie suffisante* qui compensât le sacrifice qu'il était obligé de faire de sa liberté individuelle.

C'est à travers ces deux écueils que le représentant Rosée dut établir son rapport. Il eut à combattre à-la-fois et l'extrême rigueur et l'extrême modération ; il parvint néanmoins à concilier les esprits.

Dans son premier rapport il dit : « Quoique » l'on sache comme ceux qui combattent le » principe de la contrainte par corps, ce que » l'*on doit de respect à la liberté individuelle*,

» quoique l'on soit persuadé que ce respect est » *une des pierres angulaires sur lesquelles re-» pose notre édifice constitutionnel*, on est ce-» pendant forcé d'avouer avec plusieurs publi-» cistes que *l'homme civilisé doit faire le sacrifice » d'une partie de ses droits naturels pour la con-» servation de ceux que lui garantit la société.*

» Ce sacrifice est de rigueur quand le salut » public le demande, *et il devient de précepte,* » quand il est exigé par un intérêt aussi majeur » que *l'intérêt du commerce et de la morale.*

» Il est donc facile de reconnaître que la con-» trainte par corps ne répugne pas aux principes » de la liberté civile chez un peuple *républicain,* » *manufacturier et marchand.*

» L'organisation dont nous avons à vous en-» tretenir se concilie-t-elle dans ses détails d'une » part avec *le respect qui est dû au système de* » *nos institutions*, d'autre part avec ce qui est » indispensable pour ne pas rendre les mesures » qui vous sont proposées inutiles ou susceptibles » de le devenir? c'est ce que nous allons exa-» miner.

» La résolution arrêtée au conseil des Cinq-» Cents est divisée en trois titres. Les dispositions » du *titre premier* ont paru à votre commission » également *justes et sages*, elles placent la loi » *au-dessus de la volonté, de l'arbitraire et des*

» *écarts du juge*; elles ôtent aux citoyens le » *pouvoir d'aliéner inconsidérément leur liberté;* » elles consacrent *le respect que l'on doit à la* » *vieillesse et à la faiblesse d'un sexe qui* » *lutte avec inégalité dans ses rapports d'affaires avec nous.*

» Les dispositions du *second titre* sont celles » *que l'intérêt du commerce fit admettre avant* » *l'abolition de la contrainte par corps*, et votre » commission a pensé qu'elles ne *portaient aucune* » *atteinte aux principes de notre système social* ».

Tel fut, relativement aux deux premiers titres de la loi du 15 germinal an VI le rapport du représentant Rosée, qu'il termine en ces termes : « Votre commission, composée des citoyens » *Blaux*, *Giraux de l'Ain*, *Roger Ducos*, » *Tronchet* et moi vous propose *à l'unanimité* » d'approuver la résolution ».

Dans son deuxième rapport il dit :

« S'il est vrai que la résolution ne satisfait » pas ceux qui attachent à la fortune des idées » d'importance, et qui la leur font considérer » comme la première des propriétés, n'est-ce » pas parce que cette résolution a été tracée » par des législateurs qui savent ce que l'*on* » *doit de respect à la liberté des citoyens et à* » *leur sûreté personnelle ?*

» S'il est vrai que la résolution ne convienne

» pas à ceux qui s'obstinent à ne jamais voir » dans les citoyens *un être soumis à des conventions particulières hors de cette indépendance sauvage, périlleuse à l'individu dans l'état de nature, et funeste à la société quand il en partage les bienfaits, ne serait-ce pas précisément parce que le principe consacré par la loi du 24 nivôse ne concorde pas avec leur manière de voir l'intérêt général?* Mais » il est de toute évidence que la loi projetée » *convient à des citoyens*, c'est-à-dire à des » individus *qui doivent, pour leur salut, pour le perfectionnement de l'espèce, porter le joug sacré des conventions sociales.*

» Parcourons les objections, et ne perdons » point de vue que c'est dans les principes » de l'*éternelle justice et de l'équité combinés avec ceux de la civilisation que l'on doit puiser les moyens qui conviènent à la prospérité d'un État libre et civilisé.*

» Les dispositions bienfaisantes proposées ne » font aucune mention soit d'*infidélité*, soit de » *soustraction*, soit de *délit*, soit de *crime;* » elles n'ont aucune espèce d'analogie *ni avec la banqueroute, ni avec aucun de ces cas hideux* dont on vous a fait l'énumération et » le tableau; elles abandonnent ces faits coupa» bles à la vengeance publique, et *au glaive*

» *de la loi du 3 brumaire an IV, qui en est* » *saisie.*

» On a déploré le sort des tristes victimes » de l'*usure*. On a prétendu que la loi proposée » fournirait des aliments *à ce fléau public.*

» L'absence ou la retraite des capitaux, l'in- » suffisance des sûretés offertes aux prêteurs, » le relâchement dans les moeurs ont amené » l'*usure.*

» On doit ajouter une autre cause très-prin- » cipale, c'est l'*autorisation que les marchands* » *d'argent ont obtenue de se livrer publiquement* » *à leurs scandaleuses spéculations* ; c'est la » confusion absolue qui a été faite des objets » commerciaux avec l'instrument universel du » commerce, c'est la transformation du numé- » raire en marchandise.

» Ces causes sont disparues avec leurs cruels » et calamiteux résultats, le numéraire est » rentré dans la circulation. . . . Le moyen le » plus sûr pour rétablir son règne *est d'ajouter* » *aux sûretés qu'offrent les facultés apparentes* » *du débiteur;* la résolution est ce supplément.

» La peinture scandaleuse qu'on a faite des » juges n'est pas fondée ; nous ne languissons » plus dans ces temps où la bien ou malveillance » des juges pouvaient prendre impunément la » place de l'autorité de la loi ; le pouvoir judi-

» ciaire est limité dans l'usage des moyens qui » lui sont confiés . . . . *La responsabilité qui » plane sur la tête des juges assure la garantie » de chaque citoyen contre toute atteinte qui » pourrait être trop légèrement ou illégalement » portée contre sa liberté.*

» Enfin on a combattu le principe même de » la résolution, on a dit qu'elle renversait l'ordre » du respect *dû aux propriétés*, qu'elle était » *vexatoire*, *tyrannique*, mille fois plus odieuse » que la loi romaine qui donnait au créancier » le droit d'arrêter son débiteur.

» L'erreur de cette comparaison est démontrée » par l'histoire ; elle nous apprend en effet qu'à » Rome la prison du débiteur était *la maison » du créancier.*

» A Rome la loi *ne pesait pas les aliments » du débiteur, elle ne mesurait point sa bois- » son, elle n'éloignait pas de ses membres les » fers dont le créancier l'accablait, le fouet » dont il le déchirait ;* que l'on n'essaye donc » aucun rapprochement entre la modération de » la loi provoquée, et la barbarie de celle qu'on » exécutait à Rome.

» La résolution ne met point la propriété des » biens fonciers et mobiliers *au-dessus ni de » la vie ni de la liberté ;* elle vous propose une » loi à laquelle *tout citoyen Français aura le*

» *droit de se soustraire, puisqu'elle n'obligera*
» *que ceux qui voudront exercer une industrie*
» *particulière, que ceux qui s'y seront librement*
» *soumis.*

» Ainsi la philosophie comme la morale n'ont
» pas *la plus légère objection* à élever contre
» un mode qui détermine d'une manière sage
» et prudente les rapports d'économie sociale.

» Par toutes ces considérations votre com-
» mission persiste à vous proposer d'approuver
» la résolution ».

Roi juste et éclairé, daignez vous-même apprécier ces deux rapports du représentant Rosée; daignez voir vous-même si ces deux rapports ne fournissent pas même résultat, même conséquence que le rapport du représentant Ludot?

Daignez fixer d'abord votre attention sur le second rapport! daignez remarquer que ce second rapport énonce les objections faites contre le premier rapport, *et que nulle mention n'est faite des septuagénaires*, qu'il n'est question d'eux ni pour ni contre.

Un tel silence aurait-il été possible, aurait-il existé, si dans le collége des Anciens on avait eu le moindre soupçon que le privilége des Septuagénaires était *compromis*, qu'il s'agissait de l'anéantir en partie! Quoi! pas un seul des 250 délibérans n'aurait parlé en faveur des malheureux Septuagénaires, n'aurait fait valoir la raison, l'équité, l'humanité, la philosophie, la morale qui plaidaient si éloquemment en leur faveur?

Le représentant Rosée dans ce second rapport ne finit-il point par dire que *la philosophie, la politique n'ont pas la plus légère objection à opposer?* Aurait-il tenu ce langage s'il avait été question de supprimer partie des priviléges des Septuagénaires? La philosophie, la politique désirent-elles cette suppression?

Quand le représentant Rosée n'aurait fait que ce second rapport, il ne serait pas moins d'évidence et de vérité qu'au collége des anciens pas plus qu'au collége des cinq-cents, la suppression des priviléges des Septuagénaires en tout ou partie, ne fut nullement proposée, nullement agitée, nullement discutée; et dans le fait la loi nouvelle projétée *nullement entendue* dans le sens qu'en brumaire an XI, n'a pas craint de lui donner le conseil d'Etat Bonaparte.

Mais le premier rapport du représentant Rosée est celui sur lequel nous appelons, Sire, spécialement votre attention. Trois passages sont essentiellement à considérer.

1°. Parlant du titre II, le représentant Rosée ne dit-il pas: « Ces dispositions sont celles que » l'intérêt du commerce fit adopter avant l'abo-

» lition de la contrainte par corps. Votre com-
» mission a pensé qu'elles ne portaient aucune
» atteinte au système de notre pacte social ».

Ce langage est *vrai ;* le Titre II, en le *prenant dans son expression littérale*, est précisément la *jurisprudence commerciale de* 1673 *ressuscitée ;* sous son empire les femmes, les filles, les mineurs *faisant commerce* étaient sujets à la contrainte par corps, les Septuagénaires avaient seuls conservé leur *franchise entière.*

Voilà donc le Titre II clairement interprété ; combattre, contrarier cette interprétation, c'est inculper la commission des anciens, c'est lui imputer une réticence frauduleuse, *une véritable infamie.*

2°. En parlant de l'article Ier du Titre Ier, le représentant Rosée ne dit-il pas : « Cette dis-
» position de la loi est sage et juste ; elle place
» la loi au-dessus de la volonté, de l'arbitraire
» des juges ; *elle leur interdit la faculté dan-*
» *gereuse de l'interprétation* ».

Après un tel langage est-il possible de croire que la législation de l'an VI a entendu *laisser le sort des Septuagénaires abandonné à l'arbitraire ?* qu'elle n'aurait pas elle-même fixé leur sort, si elle n'avait entendu qu'il soit et demeure *irrévocablement fixé par l'article* 5 *du Titre Ier, et par la jurisprudence commerciale de* 1673 ?

3°. Enfin s'expliquant sur ce même article 5, le représentant Rosée ne dit-il pas : « *Cette* » *disposition consacre le respect que l'on doit* » *à la vieillesse* ».

Si dans le Titre suivant ce respect avait dû être affaibli, anéanti, le représentant Rosée ne l'aurait-il pas dit? Son silence serait-il excusable? ne serait-il pas une infamie?

La commission entière serait coupable, très-coupable, et ce qu'il faut bien remarquer, la commission des anciens comprenait deux personnages marquants, savoir Roger-Ducos, ci-devant sénateur, et *Tronchet*, mort sénateur, Tronchet enterré au panthéon, Tronchet l'un des défenseurs de Louis XVI, Tronchet mort avec la réputation méritée d'être le premier jurisconsulte de France.

Quel est le Français qui, le premier, a osé insulter à ce point les mânes de Tronchet? a pu le croire coupable d'une réticence frauduleuse? a osé le croire capable de ne pas faire énoncer clairement le sort des Septuagénaires, si dans l'intention de la loi nouvelle projétée ce sort *avait dû être autre* qu'il existait sous la jurisprudence commerciale de 1673?

Toutes les raisons possibles se réunissent donc pour combattre l'arrêté inhumain du 6 brumaire an XI, pour faire désirer, pour solliciter son rapport.

Si contre toute attente quelques doutes surnagent des raisons aussi pressantes, *un moyen simple reste*. Daignez, Sire, le saisir ; faites venir devant vous ceux des législateurs de l'an VI qui vivent encore. Interrogez-les ; interrogez par exemple M. le comte de Malleville, aujourd'hui pair de France, il jouit avec justice de la réputation méritée *d'être honnête homme et non moins éclairé ;* certes, il vous dira la vérité ; il vous dira si jamais il fut question soit aux cinq-cents, soit aux anciens, de donner à la loi de germinal an VI l'interprétation que n'a pas craint de lui donner le conseil d'Etat Bonaparte.

PÉRORAISON.

Roi juste et magnanime, sage et éclairé ! les Septuagénaires élèvent vers vous leurs mains suppliantes ; ne souffrez pas que ce soit envain ! daignez exaucer leurs prières ! daignez accueillir leur réclamation !

Daignez remarquer, Sire, le triomphe que la Providence vous a réservé ; elle vous appèle *à réaliser* ce que les prétendus apôtres de la Liberté avaient mensongèrement promis.

Quel saint langage ils tenaient à la tribune ! comme ils s'environnaient de toute la faveur que la liberté individuelle inspire nécessairement ! Comme ils rapelaient sans cesse et avec enthousiasme « Le *respect scrupuleux* pour la li-

» berté individuelle *est un des premiers devoirs*
» *de la législation ;* ce n'est pas assez que les
» grandes masses de la constitution politique
» assurent la liberté publique, il faut encore
» que tous les détails des institutions secondaires
» protégent la liberté individuelle ; un respect
» infini pour elle doit toujours l'environner,
» et l'emporter sur toute autre considération ».

Vaines paroles! mensonges séduisants ! ces déclamations trompaient les Français qu'ils égaraient ; nos révolutionnaires offensaient, immolaient, égorgeaient la liberté individuelle au moment même qu'ils insistaient le plus sur le respect qu'on doit lui porter.

Sire, vous ferez tomber l'illusion, et sous votre règne bienfaisant, nous n'en doutons pas, la protection due à la liberté individuelle sera mieux entendue, plus réelle, plus efficace, sans être précédée de toutes ces déclamations.

Législateurs de la France, les Septuagénaires réclament aussi votre attention, et mettent leur liberté individuelle sous votre protection.

Dans tous les temps les Français *ont toujours souhaité d'être libres*, leur caractère national, leur caractère indélébile est de vouloir n'être *soumis qu'à la loi;* mais d'après ce désir même la liberté ne doit pas être *la licence ;* écoutons le sage Fénélon, il dit avec énergie :

« *La jouissance paisible de sa personne et*

» *de son industrie*, voilà la loi première, la » loi immuable, la loi universelle de tous les » peuples; elle est antérieure à tout contrat, » elle est fondée sur la nature, elle est la source » et la règle sûre de toutes les autres lois.

» Celui qui gouverne doit être le *premier* » *obéissant* à cette loi primitive; il peut tout » sur son peuple; mais cette loi, la première » de toutes, *doit avoir sur lui tout pouvoir*. Le » père de la grande famille ne lui a confié ses » enfants *que pour les* RENDRE HEUREUX.

» On peut, en conservant la subordination des » rangs, *concilier la liberté avec l'obéissance* » et rendre les hommes tout ensemble *bons* » *citoyens et fidèles sujets*, soumis *sans être* » *esclaves*, et libres *sans être effrénés;* l'amour » de l'ordre est la source de toutes les vertus » politiques ».

Un autre orateur, non moins judicieux, le célèbre Massillon, dit aussi dans son petit carême prêché devant Louis XIV :

« C'est la loi qui doit régner; le souverain » n'en est que le ministre et le premier dépo- » sitaire; c'est la loi qui doit régler l'usage de » son autorité; c'est par la loi que l'autorité » *n'est plus un joug*, mais une règle qui conduit, » un secours qui protége, une vigilance pater- » nelle qui veille pour tous.

» Les hommes sont LIBRES *quand ils sont*

» *gouvernés par la loi ;* il n'y a point d'autre » liberté politique ; *leur soumission fait leur » bonheur en même temps qu'elle opère leur » tranquillité* ».

Voilà, Sire, la véritable, la saine Liberté, la Liberté que vous faites renaître, la Liberté que vous protégerez, la Liberté que vous maintiendrez !

Daignez, Sire, en faire rejaillir les rayons bienfaisants jusque sur les Septuagénaires ! Daignez faire cesser leur longue et pénible oppression ! Daignez leur rendre la jouissance parfaite du bienfait que la nature leur défère. Faites les renaître à la vie et au bonheur ? Ils se présentent, ils l'osent dire, appuyés, secondés par les voeux de tous les Français qui ont une âme et un cœur, de tous les Français véritablement dignes de ce nom, et dignes héritiers des vertus de leurs aïeux.

Ne souffrez pas, Sire, que sous le même Roi, dans le même empire, chez la même nation la loi criminelle et la loi commerciale diffèrent essentiellement ; que la loi criminelle soit humaine, généreuse, *qu'elle respecte l'âge*, qu'elle lui accorde des égards, des ménagements ; qu'au contraire la loi commerciale soit inhumaine, oppressive, sans considération aucune pour la vieillesse ! Faites cesser, Sire, cette discordance baroque et véritablement révoltante ! Faites, au contraire, faites, Sire, que les lois françaises soient frappées au même coin ; que toutes respirent l'humanité, la générosité ; que toutes reprènent l'ancien caractère national.

O vous, Monarque magnanime, dans lequel on se plaît à revoir le digne descendant de Louis XII et de Henri IV ; faites revivre, faites ressusciter en faveur des Septuagénaires cette législation douce et bienfaisante, créée d'abord par le vœu public, établie ensuite légalement par Louis XIII, maintenue, confirmée par Louis XIV, par Louis XV, par Louis XVI, et *prenant originairement sa source dans les usages des Francs nos premiers ancêtres !* Rendez à une possession aussi antique toute sa force, toute son autorité, et que le *respect dû à l'âge* soit de nouveau irrévocablement consacré !

Sire, le bienfait sollicité est entièrement en votre puissance, entièrement dans vos attributions! *un seul mot de votre bouche peut l'opérer.*

La charte constitutionnelle porte, article 68 : « *Le code civil, les lois actuellement existantes* » qui ne sont point contraires à la présente » charte, resteront en vigueur jusqu'à ce qu'il » y soit légalement dérogé ».

Cette expression ne comprend certainement ni les décrets de l'usurpateur, ni les arrêtés de son conseil d'Etat, *ils sont nuls de fait et de droit.*

Mais comme en toutes choses votre sagesse ne veut marcher qu'à pas mesurés, daignez, Sire, vous, Souverain légitime, daignez au moins vous permettre ce que l'usurpateur lui-même aurait pu se permettre « *Il aurait pu ordonner à son conseil d'Etat d'examiner plus attentivement son arrêté du 7 brumaire an XI, et de lui donner un nouveau rapport* ».

Daignez, Sire, adopter cette marche; daignez ordonner à votre conseil d'Etat de s'assembler, et de vous donner au plutôt son avis sur la présente réclamation.

Si le commerce donne des mémoires contraires, s'il demandait *décision contradictoire*, daignez commettre à cet effet la *Cour royale de Paris*, les Septuagénaires sont prêts, *ils acceptent le combat;* ils ne craignent aucun choc, aucun conflit, fiers qu'ils sont avec raison d'avoir pour eux l'équité, l'humanité, la possession la plus ancienne et la mieux fondée.

Mais rendons justice au commerce : ce ne sont point les hommes honorables du commerce qui ont jamais prétendu que *la faveur due au commerce devait tuer la faveur due à l'âge, que la splendeur, la prospérité du commerce français tenaient à ce que pour dettes commer-*

ciales les vieillards de soixante-dix *ans et au-dessus soient condamnés à périr, à pourrir dans les prisons;* un tel langage n'appartient qu'à ces prêteurs d'argent, que gouverne une insatiable cupidité, qui ne connaissent ni Dieu, ni loi, qui ne sont mus que par un âpre intérêt.

Le véritable commerçant a, comme l'homme civil, le cœur sensible, l'âme généreuse; il connaît, il respecte le vœu de la nature, le cri de l'humanité.

N'en doutez pas, Sire, la justice que vous rendrez aux Septuagénaires aura l'approbation universelle des véritables Français.

Législateurs actuels de la France, daignez nous entendre; daignez apprécier, daignez juger notre réclamation; daignez porter au Monarque votre vœu, votre assentiment!

Et vous aussi, journalistes, les Septuagénaires vous implorent; répandez, faites connaître notre réclamation, qu'elle retentisse par toute la France; que tous les cœurs sensibles s'émeuvent; qu'une réclamation universelle s'élève en notre faveur, et justifie auprès du Monarque, l'approbation universelle que nous osons lui promettre. Notre exemption est tombée avec la monarchie; elle doit renaître avec elle, et fleurir à jamais sous son appui tutélaire ! ! !

F I N.

Table des Objets contenus dans cet ouvrage.

Fin de la Table.

www.ingramcontent.com/pod-product-compliance
Ingram Content Group UK Ltd.
Pitfield, Milton Keynes, MK11 3LW, UK
UKHW020937180726
13838UKWH00003B/1009